라바콘 주의보

김승봉 시조집

교음사

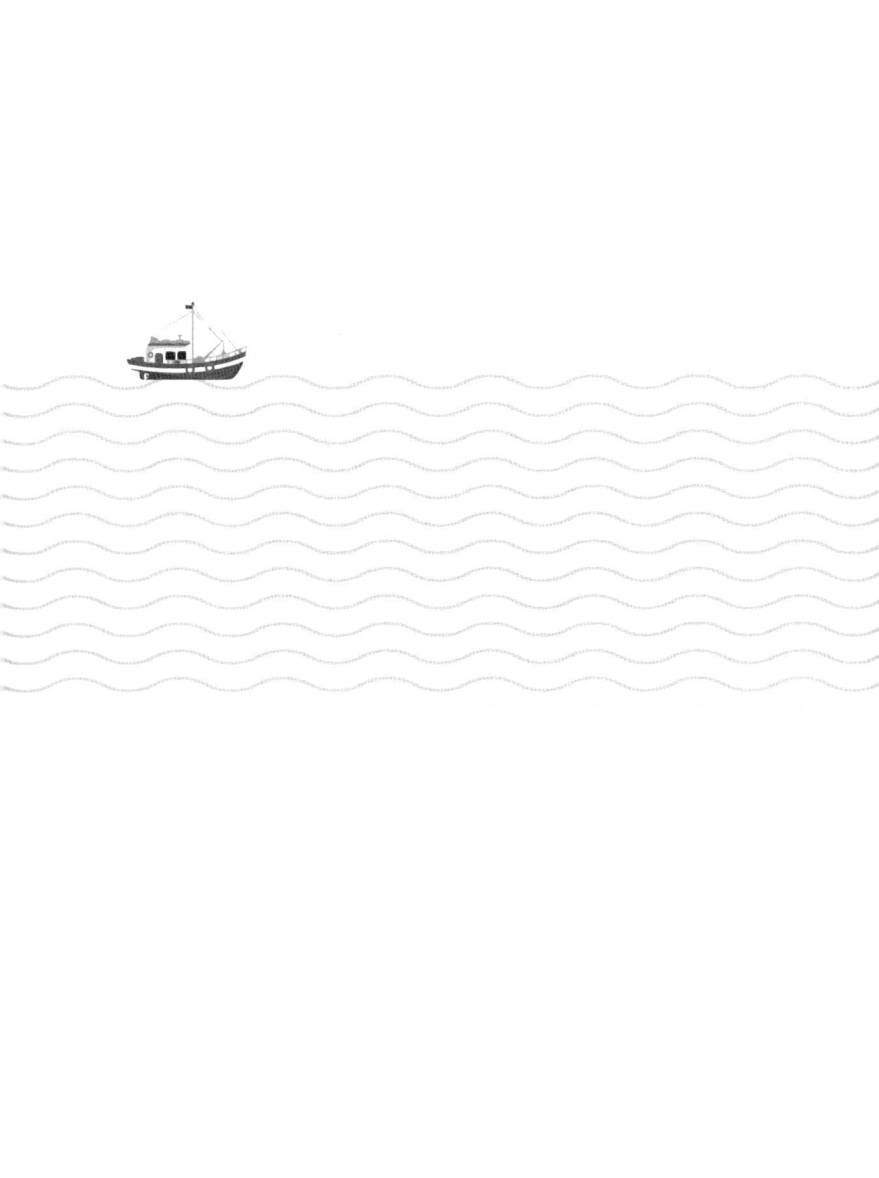

시인의 말

바람이 숨어 사는 바다가 웅성인다
파도의 알갱이가 엄습해 올지라도
사내는 바다를 향해 한 생애를 걷고있다

뜨거운 여름을 보낸 댓가로
물빛은 푸르고 하늘은 높아졌다

아까운 순간 순간을 모아
또다시
세상 밖으로
보낸 편지가
푸른 근육으로 태어나길…

2025. 가을
저자 김승봉

| 라바콘 주의보 |

- 차례
- 시인의 말

1. 바다 경전

바다 경전 … 16
갈고리 … 17
데칼코마니 … 18
꿈꾸는 비상 … 19
석화石花 … 20
오도독 미더덕 … 21
부표 … 22
지심 소녀에게 … 23
데크 위를 거닐다 … 24
회유 … 25
출산율 … 26
땡볕 … 27
썰물 마중 … 28
숨비소리 … 29

2. 광대풀꽃

겨울 텃밭 … 32
광대풀꽃 … 33
땅두릅 … 34
바랭이풀 … 35
옥수수 … 36
겨울 쪽파 … 37
나목 … 38
목련 지다 … 39
동백꽃 … 40
기둥 … 41
부추 … 42
연리지 … 43
삼색 비빔밥 … 44
수박 엄마 … 45

3. 지는 법

순천만에서 ··· 48
화목난로 앞에서 ··· 49
미안하다 꿀벌 ··· 50
산다는 건 ··· 51
지평선 ··· 52
클로버를 만나다 ··· 53
유리천장 ··· 54
산으로 떠난 시인 ··· 55
막걸리 ··· 56
나를 돌아보다 ··· 57
어떡하지 ··· 58
지는 법 ··· 59
새벽을 열다 ··· 60
당포항 ··· 61

4. 새벽 어판장

칡넝쿨은 살아 있다 ⋯ 64

오비도烏飛島 ⋯ 65

물 ⋯ 66

징검다리 ⋯ 67

점멸등 ⋯ 68

감성돔낚시 ⋯ 69

미륵산 ⋯ 70

새벽 어판장 ⋯ 71

생강차 ⋯ 72

베개 ⋯ 73

강 ⋯ 74

도시의 화살나무 ⋯ 75

틈 ⋯ 76

처서 무렵 ⋯ 77

5. 라마콘 주의보

라바콘 주의보 … 80
발바닥 … 81
곡우穀雨 무렵 … 82
한글 … 83
부모은중경을 읽다 … 84
까마귀의 변 … 85
노을 아버지 … 86
하얀 미소 … 87
연변 손님 … 88
바람의 길 … 89
나는 자연인이다 … 90
로드킬 … 91
파 뿌리 … 92

| 해설 | 정용국(한국시조시인협회 이사장) … 93

1

바다 경전

바다 경전

썰물과 밀물 사이 견고하고 너른 품들
하루에 딱 두 번씩 열고 닫는 절호의 찰나
썰물 땐 제 몸 말리며 망둥이 판 요란하네

썰물의 밑바닥은 아늑하나 위험천만
아낙의 영토마다 에둘러서 경계한다
뚝심 센 과묵한 어부 개펄 속을 물어 대네

밀물 땐 활동 영역 돌팍 틈에서 두런두런
뒤척이던 몸부림에 사설도 덮어 놓고
미물들 분주한 한때 속내들만 드러내네

갈고리

Ⅰ
꽃을 보낸 줄기마다 잎들이 왕성하다.
가속도는 언제나 우리 곁에 살아있어
오늘도 나의 가슴에 그리움만 남았다

Ⅱ
담금질 된 무쇠들은 순응에 길들어져
어긋지는 일상들을 사로잡는 눈이었다
바람은 롤링과 피칭을 시시각각 연출한다

Ⅲ
바다를 선너는 건 위태로운 생애었다
내일을 알 수 없는 기상도를 예감하고
나 이제 너의 품으로 달려가는 중이다

데칼코마니

눈길을 걸어가는 발자국이 선명하다
서로를 마주하고 물으며 대답하는
경포천 원앙 한 쌍이 봄바람에 다정하다

햇볕을 따라나선 그림자를 지켜본다
한 길을 가면서도 각자의 꿈을 꾸는
끝없는 생각의 향을 피워보는 일이다

아버지 닮아가는 나를 바라보며
마주하는 철로의 끝 모를 평온함도
궤도를 벗어나려는 유전자가 선명하다

꿈꾸는 비상

비상을 꿈꾸는 둥지의 작은 알들
파각을 뚫고 나온 맑고 푸른 눈빛이여
체온을 나눈 시간은 사랑이라 이름 짓자

어미의 봄날에는 생채기만 무성하다
비바람을 막아서서 어둠을 지킨 나날
창공을 휘감는 날개 그들만의 비상구다

서툴게 비상하는 날갯짓을 키워가며
둥지를 떠나가는 하늘길은 멀고 먼데
어미는 일러 주었다 창공에서 사는 법을

석화石花

통영의 겨울 바다 돌꽃 피어 지천이다
해원의 언덕배기 윤슬이 돋아나고
보랏빛 잎사귀 속에 숨어 사는 알토란

엇박자로 부딪치는 물소리 우렁차다
밀물과 썰물 사이 돌의 온기 품었던가
층층이 자란 돌무늬 숨비소리 들린다

예각으로 살아나는 눈물 담은 돌의 수액
날카롭게 피어나는 그 겨울을 정제하고
영글은 하얀 속살이 돌을 안고 피어난다

오도독 미더덕

아내가 사다 놓은 냉장고 안 미더덕
잡초라는 누명으로 상처받은 곡진 시간
말끔히 치유된 바다, 물 너울의 춤사위

사노라면 누구나 상처도 생겨난다
외피에 기생하는 허물 같은 상처들이
우듬지 생채기 되어 파릇하게 타오른다

연과 연이 얽히는 우리가 사는 세상
상처를 안아주는 다독이던 푸른 바다
상큼한 바다내음이 오도 도독 살아난다

부표

바다 위 열병하는 흰빛 향연을 보았다
잠겼다가 일어서는 부이들의 숨비소리
생명을 부둥켜안고 힘겨루기 열중하다

허공인 듯 흔들리는 그 촉수의 끝에 서서
어쩌자고 햇살은 심장까지 파고들어
뼈마디 바람이 숭숭 침몰하는 다공 증상

살을 에는 칼바람에 제 몸을 삭이면서
몸을 키운 식생들이 욕망처럼 자라날 때
시간은 내 편이 아닌 노을 위에 서 있다

지심 소녀에게

거제도 앞바다에 소녀상이 생겨났다
단발머리 어린것이 바다에 떠밀리며
암흑을 응시하는 눈에 핏빛 가득 서려있다

옹이로 남아있는 세월의 멍 자국도
소용돌이 이는 태풍 자신을 깎아 내는
시린 손
아픈 소녀야
두 주먹을 쥐고 가자

비워둔 옆자리는 더 넓은 바다 품고
섬에서 갇혔어도 그 뿌리는 깊이 내려
바람꽃 동백이 피어 동박새가 날아든다

데크 위를 거닐다

통영대교 바다 위에 길이 하나 생겨났다
자작나무 깊은 속살 나이테를 도려내어
순백의 마음을 열고 나를 밟고 가라 했다

파편으로 쏟아지던 그 땡볕은 머금고
무서리 눈보라는 그 겨울을 껴안으며
그림자 길게 늘어진 감빛 노을 훼를 친다

잔잔한 물결 밟고 일상도 내려놓고
나란히 걸어가며 주고받은 밀어들이
해 질 녘 은빛 노을이 파장 속에 싹튼다

회유

바람이 바뀌었다 먼바다 남쪽에서
참꽃이 피어나고 가지마다 연두 물결
사랑을 고백하리라 고기들의 낯선 행보

민물과 바닷물이 포근하게 휘감기는
강어귀 모래 틈에 둥지 하나 꾸며놓고
부화 된 어린 치어를 지켜내는 충혈된 눈

파도를 이겨내는 어미들의 긴긴 여정
모천을 유영하는 치어들의 맑은 눈빛
물고기 내리사랑은 수심보다 깊었다

출산율

돈이면 무엇이든

해결되는 요즘 세대

수천억을 퍼부어도

오르지 않는 수치

수은주

떨어져 가는

그 동토를

밟고 서다

땡볕

장맛비 끝날 때쯤

전선과 전선 사이

대지를 달구는 햇살

배롱나무 끝이 붉다

참았던

뜨거운 사랑

혼자만이 간직한 채

썰물 마중

계절이 바뀌어도 꿈틀대는 길이 있다
뒤척이는 몸부림은 낮과 밤을 잠식하고
해류는 낮은 곳으로 그 속내를 드러낸다

드러난 바닥은 질퍽하고 위태하다
그 길을 걷는 것은 위험한 도전일 뿐
밀물은 바람이었나 또 만남을 예고하고

하루에도 두어 번씩 하늘을 만난 썰물
푸르디 푸른 꿈이 돋아나는 모천에서
썰물은 햇살을 만나 몸을 푸는 중이다

숨비소리

창 너머 거친 물결 얼룩처럼 새겼다
미량의 호흡만이 내 몸을 질식하고
물속을 내려갈수록 뭍의 상처 덧난다

수면 위 모서리에 파도 이는 숨비소리
눈감으면 떠오르는 물러설 수 없는 발길
맨손에 움켜쥔 바다 생과 사를 오간다

끊어질 듯 가늘게 이어지는 피리 소리
무섭게 다가오는 희망의 불씨들이
얼마쯤 너 내려가면 푸른 꿈에 낭노할까

2

광대풀꽃

겨울 텃밭

벽을 두드리는 건 바람의 손이었다
아무도 찾지 않는 겨울 들녘에서
언제나 돌진해 오는 들불 같은 반란들

얼어도 죽지 않는 뜨거운 가슴으로
우듬지를 지키려다 박제가 될 때까지
뭇 생명 다 품고 견디는 어머니의 모습이여

자신을 도려내는 아픔들 다가와도
건불로 드러눕는 파도가 밀려와도
마침내 열매 맺어서 내일을 일구시는

광대풀꽃

서릿발 섞인 바람 낮은 대로 몰려든다
파랑새도 떠나버린 텅 빈 텃밭에는

바람에 날아든 풀씨 그 흔적을 숨기고

잡초라는 이름으로 버림받은 타인의 손길
눈물샘 깊은 뿌리 한 생의 가장자리

언 땅을 부둥켜안고 춤을 추는 광대쟁이

켜켜이 불 밝히는 선홍빛 꽃의 행렬
신얼 오른 잎 잔치에 자신을 사뭇했던

광대풀 슬픈 생애가 야생화로 피었나니

땅두릅

내한성 네 체취는 꽃샘추위 둘렀었다
역경도 디딘 나날 오늘에야 영근 삶들
익은 봄 세운 발돋움 산채로 거듭난다

앙가슴 토닥여서 세세히 누린 힘살
온정의 손길들로 염원했던 좌표였다
빼꼼히 익은 땅두릅 봄 햇살도 머금었다

치악산 언덕 비탈 쭈뼛쭈뼛 몽글진 밭
독활이란 예명까지 푸른 품만 돋울 새겨
인편에 전해온 온기 선혈 빛이 앙큼하다

바랭이풀

토닥 비 길가에는 바랭이풀 혈기 넘쳐
낮추어 억센 포복 벌 떼가 따로 없다
네 뜰은 요람의 일색 번진 형국 도미노네

떠받은 땅엔 뿌리 사위도 보살피며
폭우도 아랑곳 않고 짓밟혀도 상관없어
돌 자갈 햇살 더불어 당당하게 편을 짜네

땀 흘려 삼복더위 꽃차례 벌려놓고
꽃이삭 바짓가랑이 제 맘대로 열매 맺네
땡볕에 시들어 버린 점령당한 모진 꿈

옥수수

함께한 시간들이
꿈인 듯 행복했다

부여안고 울고 웃던
땡볕을 기대서서

구 남매
껴안아 주던
어머니의 품속처럼

겨울 쪽파

상강을 지나면서

변신한 가을하늘

일생을 곧게 살자

날 세우던 푸른 붓끝

한마디

숨김도 없이

지난 시간 증언한다

나목

계절에 쫓겨가는
가지들은 침묵했다

채찍으로 다가오던
찬바람 껴안으며

잔뿌리
뜨거운 노고
진초록을 꿈꾼다

목련 지다

꿈꾸는 시간들이 언덕 위에 머물렀네
역류하는 수액이 선율로 연주되고
내면에 움츠린 속살 파열음이 일어난다

하늘 향한 하얀 구름 서럽도록 피어나고
바람에 섞인 눈발 시샘하듯 휘날리면
서둘러 발길을 돌려 떠나가는 뒷모습

짧은 만남 긴 여운 조각되는 가슴앓이
함께하지 못한 마음 황량한 봄의 뜨락
이 봄날 가슴 저리게 너를 떠나 보낸다

동백꽃
  － 고동주 선생님을 그리며

동백꽃을 바라보며 당신을 기억합니다
바람 없는 밤바다는 오히려 적막하여
따뜻한 엄마의 품이 살갑게 그립습니다

잡은 손을 놓아버린 운명의 외딴섬에
동백 씨 하나가 바람에 날아들어
벼랑에 뿌리를 박고 나이테도 지웠습니다

시나브로 불어오는 뭇 바람을 안으시고
윤슬처럼 반짝이는 겨울날도 푸른 모습
볼그레 동백 망울이 눈물인 듯 그립습니다

기둥

기둥이란 이름은 언제나 고독했다
여백의 한가운데 곧은 듯 우뚝 서서
바람은 기둥을 향해 타협하지 않는다

강인하게 사는 법을 기둥은 알고 있다
시간의 강줄기에 뿌리를 깊게 내려
자신을 지키는 일은 높이만큼 위험하다

고단한 일상들은 나를 세운 목도였다
얼개로 엮긴 벽면 하나하나 다독이며
본분을 지키는 일에 운명으로 여겨왔다

부추

포로가 되어버린 무장된 투사들
뜨거운 여름날에 피어 올린 백색 깃발
빼앗긴 자존의 상처 노장수는 읽었다

뿌리에 새긴 언약 푸른 잎 다시 세워
베어내면 다시 살아 바람에 흔들리며
다시는 부러지지 않으리라 맹세 또 맹세하다

매듭 없이 사는 생이 부추만 있으랴만
아픔도 잊었으랴 그리움도 잊었으랴
굳세고 강한 기운이 풀잎 속에 서려 있네

연리지

굴밤나무
개 동백이
하늘길을 동행하다

바람의
시간 뒤에
옹이로 품은 속살

서로를
바라본 눈빛
피어나는 은빛 미소

삼색 비빔밥

모질게 쏟아지던 빗줄기와 폭염 사이
굳세게 뿌리내린 도라지 꽃길 따라
아버진 백의의 삶을 꿈꾸면서 살았다

가파르고 메마른 땅 서로를 아우르며
무성한 잡초들과 몸을 비빈 고사리
우리는 한 가족처럼 번성하길 기원했다

푸른 기운 가득 담은 밥상에 둘러앉아
오묘한 감칠맛이 향긋하게 번져간다
아들아 푸른 싹처럼 꿈을 꾸자 다 함께

수박 엄마

뻐꾹새 우는 날에 어머니가 보고 싶다
물길 따라 산길 따라 시오리 샛터장에
커다란 수박 한 통을 머리 위에 이고 왔다

구 남매 병아리 떼 보름달로 둘러앉아
한 조각 한 조각 건네주던 사랑한 줌
달달한 엄마의 미소 기억 속에 생생한데

천상의 매듭인가 풀 수 없는 인연 두고
영혼의 한쪽까지 아낌없이 주고 가신
어머니 하늘 같은 이름 수박처럼 둥급니다

3

지는 법

순천만에서

햇살은 갈바람에 황금색으로 익어간다
갈대숲을 지킨 물길 썰물을 만났던가
아래로 향하는 몸짓 파르르르 떨고 있다

무시로 찾아 드는 철새들을 위하여
요람으로 어우러진 물과 숲이 다져진 터
더디게 아주 더디게 둥지 하나 빚어놓고

바람도 쉬어 가고 밀물도 쉬어 가는
생이가래 서사시가 피어나는 물의 나라
달빛에 엮긴 뿌리가 또 천년을 사르리라

화목난로 앞에서

우리가 만난 것은 첫서리가 내리던 날
먼 하늘 찬 기운이 꽃과 잎을 다 지우고
덤불에 쌓인 미움도 불길 속에 사르다

숱한 날 태워가며 쌓인 게 정이었나
앙금으로 얼어붙은 오래된 기억들을
우직한 무쇠 앞에서 속마음도 터놓다

의젓한 불의 심연 기도로 익어가고
뜨겁게 달아오른 불꽃의 시간들이
오롯이 눈을 맞추며 잡아주던 따뜻한 손

미안하다 꿀벌

꿀벌들 떼죽음이 속보로 보도되고
고엽제를 앓고 있던 작은형이 입원했다
어머니 멀건 대낮에 그들을 제가 죽였어요

텃밭의 푸른 고추 가지마다 하얀 꽃잎
투잡에 열중하는 꿀벌들의 노동 현장
독이 된 다이옥신이 꿀벌들을 저격했다

지구가 뒤뚱댄다 추락하는 날개들
하늘 같은 천사 벌꿀 보살피지 못한 죄
언젠가 불똥이 되어 된서리 치르리

산다는 건

갯바위 부서지는
휘모리 파도 속에

외다리 무림고수
묵언 전진 깊어간다

화두가 부서지기를 기다리는 왜가리

온몸 속 핏덩이를
쏟아부은 눈동자

충혈된 시간만큼
썰물로 흘러가고

고단한 날개 사이로 또 하루가 저문다

지평선

왔다 간 흔적들이 선명하게 남아있네
두고 간 세 살배기 세월을 훌쩍 넘어
구릿빛 장부의 길에 너를 만난 듯하다

생각도 가뭇하게 흥건한 추억들이
남해 바다 밀물처럼 쓰나미로 밀려온다
아득한 석양을 따라 멀어져간 뒷모습

엄마를 따라나선 병아리 두어 마리
아장 자장 작은 걸음 세상을 돌고 돌아
겨울을 이긴 가지에 푸른 싹이 피어난다

클로버를 만나다

바람은 돌고 돌아 이른 봄을 데려왔다
눈꽃처럼 반짝이던 꽃대가 떠난 자리
언 땅에 몸을 숨기고 묵상하는 가는 줄기

침묵의 시간 뒤에 천 갈래로 뿌리내려
물방울로 피어나는 연둣빛 동그라미
가늘게 얽힌 뿌리가 새 생명을 끌어안다

새파랗게 번져가는 너의 눈빛 마주 보며
내 마음 푸른 꿈이 새록새록 돋아나고
하늘의 초록별들이 뜰안 가득 반짝인다

유리천장*

나누면 무너질까
미묘한 사칙연산

보이지 않는 벽을
위태위태 쌓아두고

박재된
종류석처럼
밀실에 갇혀 산다

*여성과 약자들의 고위직 승진을 막는 조직내 보이지 않는 장벽

산으로 떠난 시인
 - 서우승 선생을 기리며

선금산 벼랑 길을 돌고 돌던 나그네
물소리 바람 소리 낮달의 눈빛이여
호탕한 웃음소리는 메아리로 울리는데

만나는 사람마다 읽어주던 정형 시집
거나한 막걸리 사발 부딪치며 마주 앉아
노신사 바바리코트가 봄바람에 깃을 세워

생각도 단풍 들면* 신선이 되셨겠지요
미륵산 높은 하늘 구름처럼 떠나버린
무너진 가슴 한편에 물소리로 흐릅니다

*서우승 선생 시집

막걸리

씨앗도 해탈하면 맑은 물로 태어날까
명예도 버려두고 품위도 따지지 않아
들판의 가장자리에 잡초처럼 뿌리내려

영혼은 살아있어 우려 나는 녹차처럼
날선 마음 풀어주고 둥글게 안아주네
오래된 친구를 만나 추억을 나누는 시간

싹틔워 기쁜 날은 너볏한 달이 뜨고
힘겹고 지친 날에 샘물처럼 솟구치는
따뜻한 마음을 담은 옛 친구의 손 편지

나를 돌아보다

내생의 이력서는 커피색 소금 덩이
손바닥을 펼쳐보면 암초 같은 굳은살
쉽사리 내밀지 못한 굴곡 깊은 나이테

출렁이는 바다는 내 삶의 한가운데
치솟고 가라앉아 아려오는 5번 척추
자꾸만 좁아지는 길 가파르고 굽어지고

별이 되어 빛나기를 꿈에서도 그렸는지
돌아보면 흙먼지 바람처럼 지나가고
바다는 나의 로망스 저녁놀은 작약 꽃길

어떡하지

네비가 일러주는 나들목을 지나쳐서
돌릴 수 없는 차선 어둠은 벽이 되어
내 등을 겨누는 불빛 좌도 우도 벼랑일 뿐

사흘만 융통하자 애걸복걸하던 친구
오늘 된다 내일 된다, 한 계절이 지나가도
이러지 저러지도 못해 금이 간 친구 사이

납품가를 상회上廻 하는 제품들은 홍수인데
선호하는 사이즈는 하늘의 별따기다
납기일 코앞인데도 휘청대는 납품가

지는 법

한 생을 다하도록 몸을 던진 바다였다
보랏빛 석화 송이 돌꽃처럼 꿈을 키워
보란 듯 살아가리라 바람 앞에 다짐했다

파도에 부딪히는 낭자한 상처에도
넘어지며 부서지던 썰물에도 당당했다
또다시 새벽을 불러 지친 바다 달래며

바람과 시간 앞에 화려하게 피는 꽃도
자연으로 돌아가는 깊은 뜻을 헤아리며
피도는 앞을 가렸다 짜디짠 바람이었다

새벽을 열다

아날로그에 길들어진 아직도 어두운 밤
둔탁한 엔진 소리 안전화의 발자국 소리
분주한 미화원들의 발걸음이 바빠졌다

마스터 흐린 불빛 출항하는 사람들
추위를 감싼 흔적 파도를 잠재우며
바다로 향하는 길은 어둠을 지우는 일

디지털이 발산하는 현란한 몸짓 뒤에
수많은 폐기물과 부작용을 수거하는
신속한 발걸음들이 어둠을 열고 있다

당포항*

동박새 꽃 무덤에
몸을 숨겨 놀던 바다

일제의 총칼 앞에
잃어버린 호적초본

충무공
호령 소리에
눈을 번쩍 뜨는 봄날

*이순신 장군이 한산대첩전 대기하던 항
 일제 때 삼덕항으로 변경 2025년 당포항으로 환원

# 4

새벽 어판장

칡넝쿨은 살아 있다

엄동을 견딘 길섶 햇살마저 눈 시리다
부표로 남은 흔적 넝쿨 아래 쏟아내고
연둣빛 환한 군락들 귀를 여는 시간이다

이슬은 둥근 눈망울 갓 울려온 종소리다
계곡을 덮고 있는 부드럽고 낮은 소리
두 귀를 쫑긋 세우며 세상사를 엿듣는다

봄 햇살 따스한 안부 찬찬히 들으면서
휘도는 강물인가 끝 간데 모를 새순
검푸른 이파리들이 짠한 볕을 쬐고 있다

오비도 烏飛島

남해 바다 한가운데 새들이 날고 있다
태생의 검은 빛깔 온갖 소문 **뼈**에 새겨
휘몰이 바람의 몸짓 날개 속에 묻는다

뭍으로 떠나가는 새끼들의 서툰 날개
나는 법 사냥술도 따뜻하게 일러주던
어미는 정성을 모아 바다를 지켰다

바람의 시간 들이 쌓아 올린 벼랑들
풍화로 남은 땅에 어미 새는 떠났는데
자라난 어린 새들이 고향이라 찾아 든다

물

어느 하늘 아래 구름으로 떠돌다가
천 겁 인연 지어 높은 산을 만났든가
자신을 찾아 나선 길 맨 아래 깊은 곳

빗금 같은 길을 따라 자신을 씻는 샘물
흐르는 길목에서 모두를 안아주고
다 함께 생명을 여는 몸부림의 시작이다

험난한 절벽 앞에 스스로 몸을 던져
사유의 시간 뒤에 자신을 돌아보는
넘치는 삶의 노래가 하늘가에 흐른다

징검다리

한 치 앞을 예상 못할
황사 짙은 봄날 오후
갈등의 줄기들이 내 안에 웃자라서
백암산
시냇물 속에 징검 댓돌 찾아갔다

끝없이 절며 가는
물속에 몸 낮추고
내 등을 밟고 가라 지그시 눈을 감네
바위도
마음을 열면 꽃이 되고 길이 된다

점멸등

우전리 해수욕장 풍랑경보 내려졌다
바닷물이 밀려왔다 빠져나간 모래밭에
선명한 발자국 하나 남겨놓고 싶었다

이분법이 존재하는 패스와 금지 사이
썰물과 밀물 사이 찰나 같은 간극 속에
밀려온 파도 속으로 지워져 간 발자국

끝없이 밀려왔다 부서지는 파도 앞에
생각과 생각 끝에 흔적 하나 남기는 건
깜박인 불빛 하나로 제 임무를 다하는

감성돔낚시

천기를 읽고 사는 물고기 몸짓에도
예민한 지느러미 선과 악을 분별하는
불굴의 선비정신이 바다 깊이 살아있다

현란한 유혹들을 뿌리치고 가는 길에
부유하는 미끼 곁에 흔들리던 가슴앓이
아뿔싸 숨겨진 바늘 막대찌의 몸부림

무뎌진 생각들이 종과 횡을 정렬하고
포물선을 그리는 그 짜릿한 손맛 담아
잔잔한 나의 창가에 봄바람이 불어온다

미륵산

— 박경일 제독 승진을 축하하며

미륵산 정상에서 품어나온 물줄기가
더 높은 장군봉을 비스듬히 감고 돌아
태평양 푸른 바다에 파도 되어 섞이나니

파고와 파고 사이 물보라를 보았는가
태평양을 건너뛰는 그 바람 태풍이냐
미비한 날갯짓에도 일어나는 흰 포말

아프리카 끝자락에 케이프 혼 돌고 돌아
대서양 바닷물을 뜨겁도록 달군 바람
가슴은 지치지 않는 바람으로 남으소서

정의를 일침으로 내일을 맞으시고
영롱하게 빛나는 그대의 두 어깨에
광활한 어둠 속에서 등불로 남으소서

새벽 어판장

힘겹고 지친 날에 어판장에 갈 일이다
대낮보다 밝은 불빛 발걸음이 흥건하고
경매사 힘찬 추임새 새벽을 열고 있다

퍼덕이는 몸짓들은 몸값을 부풀리고
치열한 경쟁이란 손짓에서 살아나네
점화된 수화와 눈빛 그 약속이 굳건하다

바쁘게 움직이는 아줌씨 손길에서
제철 회 살아나고 흥정도 춤을 춘다
눈부신 일출 앞에서 또 하루가 숨쉰다

생강차

비바람 무더위는 진초록을 키웠다
뜨거운 흙의 향기 온몸으로 살을 찌워
찬바람 겨울을 향해 돌진하던 향의 내력

세태에 물들어진 이국적 실명들이
따가운 시선으로 힐긋힐긋 바라보며
꼰대라 비아냥거린 그 말에도 당당했다

매운 듯 시원하고 쓴 듯 달달하다
온몸을 따끈하게 체온을 나누면서
미각은 불씨 이는 듯 생이 넘쳐 흐른다

베개

생각의
무게마저
내려놓은 둥지 안

직립의
풍랑들이
잦아든 푸른 바다

내일을
만나기 위한
합일의 시간이다

강

너는 토마토다
따뜻한 어머니다

뒤척이며 흘러드는 허기진 아들을 향해

언제나
손길을 여는
모형의 연금술사

도시의 화살나무

지상군에 파견된 도시의 화살나무
경고하는 풋말들이 위태하게 숨어있는
무채색 아스팔트에 푸른 바람 일고 있다

벽과 벽 사이마다 단절된 언어들이
길과 길을 경계하는 회색빛 가짜뉴스
파릇한 풀잎을 키워 닫은 문을 열고 있다

크레바스 깊은 계곡 빌딩 숲 자란 자리
흙을 잃은 거리마다 이국처럼 쓸쓸하다
키 작은 야생의 숲이 도회지를 복원한다

틈

크레파스 서슬푸른

잇발과 잇발 사이

자국이라 우겨대는

바다와 바다 사이

뜨거운

콘크리트에 뿌리 내린

민들레

처서 무렵

수풀 속 덤불 아래 흙 내음 맡으면서
가느다란 더듬이로 천기天氣를 읽고 사는
귀뚜리 목멘 소리가 찬 기운을 불러온다

허공을 무찌르던 덩굴도 주춤대고
짙푸른 이파리도 제풀에 꺾어지는
계절은 냉정하구나 뒤통수를 맞았네

한여름 더운 열정 시간 속에 묻혀 가고
짧은 가을날을 노래하는 슬픈 운명
오늘 밤 흰 수염 갈대 온몸으로 울었다

5

라바콘 주의보

라바콘 주의보

후진과 전진사이 너는 항상 망설인다
여기는 안 됩니다 저기도 못 가고요
접근과 통제 사이에 눈빛으로 삼킨 말

단단한 작은 고깔 흙먼지 둘러쓰고
뜨겁게 달아오른 주홍빛 햇살들이
반사된 백미러 안에 위험으로 다가오다

찬 서리 내린 밤에 굴절된 발걸음을
아스라이 마주치던 그 눈빛이 따뜻하다
잠깐도 망설이지 말고 저만 믿고 오시길

발바닥

내가 나를 위해 무엇을 하였던가

앞만 보고 달린 발길
유배지의 낯선 변방

아무도 그의 이름을 기억하지 않는다

자신을 짓누르는
육신의 무거운 짐

이기지 못할 바에
견뎌낼 일이다

묵묵히 자신을 지키는 그 이름은 맨 아래

곡우穀雨 무렵

비스듬히 마주치던

신열 앓는 하늘길

침묵한 시간들이

빗소리로 남습니다

단숨에

배젖을 찢고

소리치는 씨앗들

한글

어둠을 밝히는 불빛

스물여덟 자음 모음

속 깊은 대왕의 뜻

이 땅에 뿌리내려

지구촌

뜨겁게 달군다

세상에 우뚝 서서

부모은중경을 읽다

백팔 마디 뼛속 깊이 새겨놓은 그리움은
화를 만나 선을 배워 시대를 헤아리며
가슴에 금등金縢을 품고 그 새벽을 지켰다

죄인의 아들일지언정 사도의 아들이리
멀어져간 천륜의 간극 예원을 꿈꾸었던가
못 이룬 사도의 꿈을 수원화성에 펼쳐놓고

혜경궁 뜨락에서 바라본 사도의 강
어머니 손을 잡고 찾아가던 수원성
한맺힌 부모은중경 등허리가 시리다

까마귀의 변

텃밭 옆 미루나무
까마귀의 매운 눈이

씨뿌리는 아낙네 손
도면처럼 읽고 있다

잠시 후
파묻힌 씨앗
훼를 치는 검은 부리

노을 아버지

잠겼다가 일어서는 수평선 끝에 서서
당신의 한 생애를 써 내려간 거친 이력
휘어진 척추 사이로 소용돌이 일던 물결

허공을 부여안고 오체로 숨을 쉬며
스스로 저당 잡혀 떠날 수 없는 심사
아버지 야윈 어깨가 눈에 밟힌 기억들

'하나도 남김없이 바다에 뿌려달라'
몸에 밴 고운 심성 말없이 떠난 자리
늦가을 남해 바다에 노을이 참 고왔다

하얀 미소

반짝이는 별의 행렬
눈 시리게 보았다
언 땅에서 하늘까지 천 번을 오르내린
바람은
대지를 향해
참회하는 저 몸짓

북풍의 눈발들이
키워낸 강한 뿌리
자일리톨 숲길 따라 함께 나눈 푸른 향기
차가운
하늘을 향해
하얀 미소 보낸다

연변 손님

바람만 살아있는
낯이선 이국 땅에
홀씨 되어 뿌리내린 아물지 못한 상처

전광판
빛나는 한글
오롯하게 숨쉰다

마르지 않고 흐르는 건
강물만이 아니더라
한민족 영혼 속에 산맥으로 이어지는

세월에
바래지지 않는
붉디 붉은 그 마음

바람의 길

동풍
우리가 사는 길을 가르쳐 준 바람 있어
먹구름을 불러 모아 뿌려준 빗방울이
흙에서 생명을 틔워 푸른 숲을 가꾸었다

서풍
쏟아지던 빗줄기도 이성으로 잠재우고
진자리도 아삭하게 서로를 바라보고
짙푸른 하늘을 빚어 그 햇살을 잉태하다

남풍
세상사 사는 일에 굽이마다 곡절 있어
혁명을 이루는 일 그 태풍의 싹을 키워
따뜻한 세상을 빚는 대자연의 서사시

북풍
치열했던 삶을 두고 한나절 쉬어 가는
긴 화엄 그늘에서 자신을 돌아보는
꿈꾸는 새날의 의지 앙금으로 남아 있다

나는 자연인이다

깊은 산을 만났던가 인연의 풍경인가
솔숲이 빚어내는 향기를 따라가며
생채기 덧난 마음을 달래주는 발걸음

바람 소리 물소리 한 몸에 받아 들고
지는 것에 몸을 익혀 내려놓은 자유를
천천히 아주 천천히 제 갈 길을 걷고 있다

자신을 지키는 건 적을 두지 않았기에
흙을 일구면서 숲을 안고 살아가며
영혼은 시냇물같이 맑게 맑게 흐른다

로드킬

마을 앞 대로에서 길양이 모여 있다
싸늘히 식어가는 어미를 곁에 두고
사랑은 이런가 보다 이별의 시간 위에

홀로서기 익숙했던 어미의 생이었나
사람이 만들어 낸 장막의 덫에 걸려
긴급히 몸을 숨기는 불신의 벽이 깊다

외줄을 타고 사는 거미가 추락하듯
풍부 속 빈곤 또한 우리들의 자화상
그리움 가냘픈 실선 가슴속에 묻고 산다

파 뿌리

뿌리가 하얀 것은 노쇠하지 않은 게다
우듬지 나이테 속 수 많은 겹눈들이
왕성한 발길질이다 근육질의 신기루다

어둠을 파고들어 자양분을 들이켜며
지나간 시간만큼 서로를 감싸는 일
하늘을 우러러 가며 생의 맥박 뛰고 있다

밤하늘에 더 선명한 빛나는 초록별들
가늘게 하강하는 촉수들의 깊은 열정
흙 속에 자신을 죽여 푸른 숲이 태어난다

해설

섭리(攝理)를 지켜내는 모성(母性)의 시학

정용국 (한국시조시인협회 이사장)

1. 프롤로그

　인간은 누구나 주어진 환경을 바탕으로 성장하며 자아의 완성을 향하여 진력한다. 그러나 자신에게 주어지는 환경은 자기의 의지와는 관계없이 일방적으로 주어지지만, 인간은 열성을 다하여 환경에 적응하고 극복하며 긴 삶의 여정을 걸어간다. 여러 환경 중에서도 본인이 태어난 지역은 개인의 성장 과정에 지대한 영향을 미치는 것은 당연한 일이다. 대체로 자기소개서나 약력 등을 기재할 때 누구나 출생지를 적는 것이 일반적인데 이는 인간이 운명 앞에 나약한 존재이므로 특정 지역에 태어났다는 사실 하나만으로도 교육, 언어, 성격, 직업 등을 형성하는데 중요한 작용을 하기 때문이라고 생각한다. 김승봉 시인은 경남 통영 지역이 고향이고 아직도 그곳에서 살고 있다. 통영은 해안과 접하고 있으며 많은 섬으로 구성된 지역이다. 그는 지금도 고향에서 바다와 관련한 사업을 영위하며 시조 창작에도 뜨거운 열정을 펼치고 문학단체의 일도 맡고 있다. 바다에서 삶을 꾸려나간다는 것은 다른 어느 지역보다 항상 재해에 대비해야 하고 자연계를 지배하고 있는 섭리를 잘 숙지해야 한다. 이러한 삶의 방편들은 시조 창작에 막대한 영향을 주기도 하지만 그가 의지하고 믿는 강건한 배경이 되기도 한다.

이정환 시인은 대구일보에 연재한 문향만리 코너에 「작약이 핀다」를 소개하며 "김승봉 시인의 작품은 견고한 골격이 느껴진다. 서정성을 깔고 있으면서 삶의 진정성을 탐색하고 있다. 내밀한 실존적 성찰에 공력을 기울이고 있는 점이 역력하다. 정신적인 수맥을 찾아 탐색과 천착을 거듭할 때 새로운 지평이 열릴 것이라는 생각이 든다. 무엇보다 생생한 바다 이미지의 육화에 힘써서 해양 시조의 음역을 넓혀갔으면 하는 바람이 크다."라고 평했다. 이정환 선생이 '생생한 바다 이미지의 육화'에 힘써 주기를 당부했던 바람을 그는 잊지 않고 실현하였다. 새로 출간하는 시집 『라바콘 주의보』에는 마치 경전을 펼치듯 바다와 자신의 삶을 으깨 넣으며 광활하고도 지순한 역정을 펼쳐내고 있으니 말이다. 또한 여러 작품 속에서는 모성을 풀어내고 있는데 "파도를 이겨내는 어미들의 긴긴 여정 「회유」", "뭍 생명 다 품고 견디는 어머니의 모습 「겨울 텃밭」", "어미들의 봄날에는 생채기만 무성하다 「꿈꾸는 비상」" 등의 시편에는 지극한 어머니가 등장하는 진경을 볼 수 있다. 감사와 긍정의 감성으로 전개되는 김승봉의 새 시집 『라바콘 주의보』의 다양하고 특별한 여정으로 들어가 보자.

2. 바다에 새긴 숙명

자연은 인간에게 무한한 자원과 적합한 환경을 마련해 주지만 때로는 감당하기 어렵고 처절한 재해를 유발하는 경외의 대상이기도 하다. 산업혁명으로 유발된 내연기관의 발명은 엄청난 편리성과 재화를 구축하는 결과를 창출했지만 지구 환경에는 최악의 상황을 야기하는 과오를 저지르고 말았다. 약 백여 년 전부터 악화되기 시작한 지구의 온난화는 더 이상 지구를 방치할 수 없는 단계에 이르렀다. 바다에서 삶을 영위하고 있는 시인은 수온이 상승하고 적조가 몰려오는 상황이야말로 가장 큰 걱정이며 난관이 아닐 수 없겠는데 이러한 현실은 당장 해결해야 할 과제로 다가왔다.

꿀벌들 떼죽음이 속보로 보도되고
고엽제를 앓고 있던 작은형이 입원했다
어머니 멀건 대낮에 그들을 제가 죽였어요

텃밭의 푸른 고추 가지마다 하얀 꽃잎
투잡에 열중하는 꿀벌들의 **노동** 현장
독이 된 다이옥신이 꿀벌들을 저격했다

지구가 뒤뚱댄다 추락하는 날개들
하늘 같은 천사 꿀벌 보살피지 못한 죄
언젠가 불똥이 되어 된서리를 치르리

- 「미안하다, 꿀벌」 전문

"된서리를 치르리"라는 독백은 이미 여러 곳에서 진행되고 있는 게 지구의 현실이다. 빙하가 녹으면서 해수면이 상승하며 섬나라가 잠식되는가 하면 수온이 높아져서 어업에 막대한 지장을 초래한다는 뉴스는 상식이 되어 버린

지 오래다. 어디 바다뿐이랴 "꿀벌들 떼죽음"을 넘어 "지구가 뒤뚱댄다"는 말이 실감 나는 현실이다. "어머니 멀건 대낮에 그들을 제가 죽였어요"라는 첫 수 종장은 영국의 전설적인 록 그룹 퀸의 프레디 머큐리(Freddie Mercury)가 불러서 공전의 히트 기록을 남긴 강렬한 노래 보헤미안 랩소디(Bohemian Rhapsody)의 첫 구절 "엄마 내가 사람을 죽였어요!"라는 외침을 생각나게 한다. 다소 난해한 가사여서 다양한 심리분석이 나왔던 노래인데 김승봉도 꿀벌의 떼죽음과 작은형의 아픔도 자기 때문이라고 소리치고 있는 것은 자못 인상적이다. 마치 인간이 파괴한 여러 자연환경과 화학물질로 오염된 대기는 사람들의 저지른 일이라고 고발하는 듯 소리치고 있다. 이렇게 자연현상으로 유발된 사태와 우연하게 벌어진 사고를 자신의 잘못이라고 주장하는 기저에는 사랑과 포용이라는 광역의 책임 의식이 자리하고 있을 것이라는 분석을 할 수 있다. 만약에 꿀벌들이 없어진다면 식물의 수정은 누가 해줄 것이며 "다이옥신"에 찌든 세상은 얼마나 더 "독이 되어" 지구와 생물을 파괴시킬 것인가. 「미안하다, 꿀벌」에서는 머큐리의 외마디 소리처럼 안타까운 비명이 길게 메아리치고 있다.

　썰물과 밀물 사이 견고하고 너른 품들
　하루에 딱 두 번씩 열고 닫는 절호의 찰나
　썰물 땐 제 몸 말리며 망둥이 판 요란하네

　썰물의 밑바닥은 아늑하나 위험천만
　아낙의 영토마다 에둘러서 경계한다
　뚝심 센 과묵한 어부 개펄 속을 물어 대네.

　밀물 땐 활동 영역 돌팍 틈에서 두런두런

뒤척이던 몸부림에 사설도 덮어 놓고
미물들 분주한 한때 속내들만 드러내네

- 「바다 경전」 전문

마치 불교 신자가 천수경이나 금강경을 암송하듯 김승봉은 바다의 변화와 시간대별 일정들을 낱낱하게 꿰고 있다. "썰물과 밀물 사이 견고하고 너른 품" 안에 그의 일과가 숨 쉬고 있을 뿐 아니라 "위험천만"하고 "분주한 한때 속내"도 드러나고 있는 것은 바다를 "경전"처럼 모시고 사는 일꾼들만 감지할 수 있을 것이다. "아낙의 영토"에는 경계해야 할 위험이 도사리고 있으며 "과묵한 어부"도 "개펄"에 들어가면 날랜 손길이 된다. 바다가 시간을 맞춰 "너른 품들" 내주는 것도 경건한 일이니 "뒤척이던 몸부림에 사설도 덮어 놓고" "분주한 한때"를 보내는 것은 "절호의 찰나"를 놓치지 않아야 하기 때문이리라. 아마도 바다에 나가는 화자는 한 가닥 바람도 일렁이는 물결도 내리쬐는 햇빛도 모두 경전이 되어 새롭고 진지하게 다가오는 모양이다. 그러니 바다에서는 솔식해야 하고 간절해야 하며 "에둘러서 경계"해야 할 일이다. 숙명이라 생각하지 않는다면 매일 출항하고 생물을 건사해야 하는 양식업은 "미물"조차 대수롭게 다루어선 안 된다는 일로 보인다. 시집 맨 앞에 소중하게 올린 작품이려니 아마도 시인은 매일 "바다 경전"을 성경책처럼 끼고 일터로 향하는 모습이 눈에 선하게 보인다.

3. 어머니와 함께 올리는 기도

누구나 가슴속에는 각별하고도 다정한 나만의 어머니를 간직하고 있는 것은 일반적인 일이다. 특히 우리 부모 세대는 일제 강점기뿐만이 아니라 엄청난 전쟁을 겪으며 살아왔고 잔인한 독재 시절과 궁핍의 한 가운데를 헤쳐 온 분들이다. 그들은 후진국의 끄트머리를 살아내며 지금 우리가 일궈낸 선진국으로서의 발판을 만들어 놓고 간 세대이지 않은가. 김승봉의 작품 곳곳에 모성이 숨어 있는 데는 그만큼 그의 삶이 바다라는 거대한 상대와 마주하는 일인지라 진중하게 앞서갔던 어머니의 인생을 믿고 이해하고 있었기 때문일 것이다. 그의 작품에는 사람뿐 아니라 미물의 어미에게도 작용하는 한결같은 모성을 표현한 것도 많다.

    비상을 꿈꾸는 둥지의 작은 알들
    파각을 뚫고 나온 맑고 푸른 눈빛이여
    체온을 나눈 시간은 사랑이라 이름 짓자

    어미의 봄날에는 생채기만 무성하다
    비바람을 막아서서 어둠을 지킨 나날
    창공을 휘감는 날개 그들만의 비상구다

    서툴게 비상하는 날갯짓을 키워가며
    둥지를 떠나가는 하늘 길은 멀고 먼데
    어미는 일러 주었다 창공에서 사는 법을

                                 - 「꿈꾸는 비상」 전문

어미 새가 알을 품어 새끼를 부화시키는 것은 본능에 가깝다고 하겠지만 시인이 굳이 "사랑이라 이름 짓자"고 하는 마음은 대단한 각성이라고 해야겠다. 어미가 목숨을 걸고 지켜낸 "체온을 나눈 시간"을 소중하게 생각하는 시인의 따뜻한 마음이 있었기 때문에 가능한 말이다. "비바람 막아서서 어둠을 지킨 나날"이 아니었다면 알은 부화되지 못했을 것이니 사랑이 아니고 따로 무슨 말을 하겠는

가. 그래서 "어미의 봄날에는 생채기만 무성하다"고 했지만 어미는 그것을 당연시하고 탓하거나 후회하지 않는 것이다. 새끼들을 다른 세상으로 안내하는 "비상구(非常口)"는 어미가 마련해준 것이고 이를 통하여 새끼들은 비상(飛翔)하는 것이니 동음이의어를 차용한 각운(脚韻)을 배치한 구성이 재치 있다. 어미가 먹이를 물어다가 새끼에게 먹이고 외부 침입자를 방어하며 "날갯짓을 키워"준 것은 다시 다음 세대로 이어지는 것이니 "어미는 일러 주었다"라는 종장은 자연의 섭리를 함축하고 있다 하겠다. 알을 낳아 오래도록 품어서 부화시키고 먹이를 물어다 먹여서 키우고 그들이 "창공에서 사는 법을" 배우게 한 것을 모두 아울러 「꿈꾸는 비상」이라 할 것이니 미물의 모성도 사람의 그것과 견줄 만하다고 해야 한다. 그것이 가능한 것은 세상의 모든 어미에게는 신성이 머물기 때문이며 달리 표현할 방법이 없다.

> 벽을 두드리는 건 바람의 손이었다
> 아무도 찾지 않는 겨울 들녘에서
> 언제나 돌진해 오는 들불 같은 반란들
>
> 얼어도 죽지 않는 뜨거운 가슴으로
> 우듬지를 지키려다 박제가 될 때까지
> 뭇 생명 다 품고 견디는 어머니의 모습이여
>
> 자신을 도려내는 아픔들 다가와도
> 건불로 드러눕는 파도가 밀려와도
> 마침내 열매 맺어서 내일을 일구시는
>
> - 「겨울 텃밭」 전문

추수가 다 끝난 "겨울 텃밭"은 기다림만 있을 뿐이다. "자신을 도려내는 아픔이 다가와도" 혹한과 폭설을 견디고 "얼어도 죽지 않는 뜨거운 가슴으로" 긴 겨울을 버텨내야 한다. "바람의 손"이 아무리 거세게 불어와도 예상하기 어려운 "들불 같은 반란들"에 꺾여서도 안 된다. 혹한을 참지 못하고 뿌리나 가지가 얼어버리면 새봄이 와도 살아나지 못하는 것이니 "뭇 생명 다 품고 견디는 어머니의 모습"은 그야말로 철인이라고 불러도 될 것이다. 비정하게 이름 붙인 시제 '겨울 텃밭'에는 "마침내 열매 맺어서 내일을 일구시는" 어머니의 뜨거운 마음이 버티고 계셨으니 "건불로 드러눕는 파도"쯤은 아무것도 아니었을 것이다. 시인의 마음도 어머니를 닮아서 다시 바다에 나갈 때마다 '겨울 텃밭' 같은 두텁고 질긴 맹세를 다짐할 것이니 모성은 언제나 살아서 자식에게 용기와 끈기를 전해준다고 해야겠다. 그래서 그가 다짐하고 올리는 기도에는 항상 어머니의 마음이 함께 따라와 자식을 보살펴 줄 것이다.

4. 살아 숨 쉬는 삶의 현장

시인은 다양한 관점과 의지로 소재를 구하고 그것에 상상력을 입히거나 재구성하여 창작한다. 김승봉 시인은 통영 바다를 근거지로 사업을 펼치고 있다. 배를 운영하거나 양식업에 종사하는 일이므로 그의 현장은 늘 바다라고 할 수 있다. 바다는 잔잔한 듯 보여도 인간이 도저히 감당하기 어려운 거대한 힘을 감추고 있다. 그래서 바다에서 살아남아 사업을 하려면 '지는 법'부터 배워야 한다고 생각한다. 바다가 화가 나거나 흥분한 상태에서는 최대한 자신을 낮추고 엎드려야 하는 것이 가장 현명한 방법이라는 것을 시인은 잘 알고 있다. 바다에 맞서거나 무시한다는 것만큼 어리석은 일이 없다고 믿는다. 마치 상선약수(上善若水)의 진리와 같이 가장 낮은 곳이 가장 성스럽고 복된 자리임을 시인은 경험을 통하여 인식하고 있다.

> 한 생을 다하도록 몸을 던진 바다였다
> 보랏빛 석화 송이 돌꽃처럼 꿈을 키워
> 보란 듯 살아가리라 바람 앞에 다짐했다
>
> 파도에 부딪히는 낭자한 상처에도
> 넘어지며 부서지던 썰물에도 당당했다
> 또다시 새벽을 불러 지친 바다 달래며
>
> 바람과 시간 앞에 화려하게 피는 꽃도
> 자연으로 돌아가는 깊은 뜻을 헤아리며
> 파도는 앞을 가렸다 짜디짠 바람이었다
>
> - 「지는 법」 전문

작품에서 각 수는 서로 유기적인 구성미는 찾기 어렵다. 다만 각 수가 시제인 "지는 법"을 향해 희미하게 손을 흔들고 있을 뿐이다. "생을 다하도록 몸을 던진 바다"였고 "낭자한 상처"를 받기도 한 바다였지만 결국은 "자연으로 돌아가는 깊은 뜻"을 알기 때문에 "지친 바다 달래며" 모든 상황을 버텨냈다. 바다에서 가장 무서운 것은 '바람'이었다. 그래서 "바람 앞에 다짐"하고 "짜디짠 바람"도 견뎌내며 살아온 것이리라. 사람이 바다를 이기는 것은 '지는 법' 밖에는 없다는 거대한 해법을 알기까지 몇 십 년이나 걸렸는지 이제야 알게 됐다. 모든 것을 다 이겨내고 "바람과 시간 앞에 화려하게 피는 꽃"의 의미도 "보란 듯이 살아가리라"는 뜻을 세운 지 한참 뒤의 일이었다. 바다는 다른 삶의 현장보다 훨씬 적응하기 어렵고 힘든 것은 자연 현상과 긴밀하게 연관되어 있고 어느 곳보다 변화가 크다는 것이다. 참고 기다리며 앞서 나가기보다는 조금 더 이해심을 발휘해야 한다는 진리가 시조 속에 숨어 있다.

> 힘겹고 지친 날엔 어판장에 갈 일이다
> 대낮보다 밝은 불빛 발걸음이 흥건하고
> 경매사 힘찬 추임새 새벽을 열고 있다
>
> 퍼덕이는 몸짓들은 몸값을 부풀리고
> 치열한 경쟁이란 손짓에서 살아나네
> 점화된 수화와 눈빛 그 약속이 굳건하다
>
> 바쁘게 움직이는 아줌씨 손길에서
> 제철 회 살아나고 흥정도 춤을 춘다
> 눈부신 일출 앞에서 또 하루가 숨쉰다
>
> - 「새벽 어판장」 전문

"새벽 어판장"에는 "힘겹고 지친" 사람이 있을 수 없다. 어판장에 있는 모든 사람은 각자가 맡은 임무가 산더미 같이 쌓여 있어서 활기가 넘친다. 생선은 선도가 가격을 좌우하기 때문에 신속한 처리와 이동과 절임 등의 조치가 뒤따라야 하는 것이 기본이다. 배에서 물건을 내리면 즉시 경매가 시행되어 생선은 팔려나가는데 외지 사람들에게 그 장면은 장관이 아닐 수 없다. "치열한 경쟁이란 손짓" "수화와 눈빛"으로 입찰이 결정된다. 밤새워 잡은 고깃배는 새벽에 입항하고 어판장의 큰일들은 오전에 다 끝나는 게 일반적이다. 주변 음식점에서는 관광객을 부르고 "제철 회 살아나고 흥정도 춤을" 추게 마련이다. 비린내가 진동하고 왁자한 새벽 어판장은 열정이 넘치는 삶의 현장이다. 작품에는 현장의 모습을 실감나게 기술하여 표현했고 '경매장의 약속'을 통하여 부두를 중심으로 살아가는 여러 어민과 상인들의 치열한 모습까지 숨차게 살아서 숨쉬고 있다. 어느 어판장이나 고기가 넘쳐서 활기로 가득했다는데 수온의 상승으로 어획량이 줄었다 하니 모든 사람이 걱정하고 있는 현실이 안타까울 뿐이다.

> 후진과 전진 사이 너는 항상 망설인다
> 여기는 안 됩니다 저기도 못 가고요
> 접근과 통제 사이에 눈빛으로 삼킨 말
>
> 단단한 작은 고깔 흙먼지 둘러쓰고
> 뜨겁게 달아오른 주홍빛 햇살들이
> 반사된 백미러 안에 위험으로 다가오다
>
> 찬 서리 내린 밤에 굴절된 발걸음을
> 아스라이 마주치던 그 눈빛이 따뜻하다
> 잠깐만 망설이지 말고 저만 믿고 오시길
>
> - 「라바콘 주의보」 전문

현대인들의 삶에는 다양한 암묵적 약속이 존재하며 공중도덕처럼 지키고 살아갈 일들이 많다. 교통신호는 가장 기본적인 것이며 엘리베이터나 키오스크 등도 이용 수칙을 준수하지 않으면 안 된다. 진입 금지나 출입 통제 표식도 주민들의 안전을 위해 반드시 지켜야 한다. 하다못해 개인용 전화기에도 여러 가지 규칙이 정해져 있어서 그것을 모르면 정확한 사용을 하기도 어려운 것이 요즘의 사정이다. "라바콘(Rubber cone)"은 도로나 공사 현장에서 위험지역에 출입을 규제하는데 사용하는 고무 제품으로 만든 삼각뿔이다. "접근과 통제 사이"를 표시하는 물건인 것이다. 라바콘은 "흙먼지 둘러쓰고" "찬 서리 내린 밤"도 망설이지 않고 자신의 책무에 진심이다. "눈빛이 따뜻하게" 기다리며 "반사된 백미러 안에 위험으로 다가오"는 각종 사고를 방지하기 위해 서 있는 것이다. 인간이 사는 현상에는 여러 가지 위험이 기다리고 있다. 규칙이 무너지고 마음이 풀어질 때 사고는 찾아오는 것이니 이제는 사람들 각자의 마음속에도 예쁘게 생긴 라바콘 하나씩 세워두고 살아야겠다. 그래야 마음이 흔들리고 망설여질 때마다 "여기는 안 됩니다 저기도 못 가고요"라고 똑소리 나게 알려줄 것이 아닌가. 그러고 보니 '라바콘'은 우리 시대의 새로운 아이콘이 되어야겠다.

5. 섭리에 담긴 운명, 운명에 담긴 인간

자연계를 지배하고 있는 원리와 법칙을 우리는 섭리라고 말하지만 정확한 법칙이나 논리로도 설명하기 힘든 것도 많다. 그러나 인간은 대체적으로 그것을 믿고 순응하는 것이 일반이다. 또한 인간에게 운명이 작용한다면 과학적인 방법으로 해석할 수가 있을까? 이 둘은 정확하게 딱 떨어지는 말이나 글로 풀어서 이해시키기 어려운 일이다. 특히 운명이라는 것은 정확하게 '이것이다'라고 규정조차 하기 힘든 개념이라고 생각한다. 그러나 나약한 인간은 선한 운명의 범위를 믿고 나쁜 운명을 피해가려고 기도한다. 누구나 알 수 없는 미래의 운명에 휘둘릴 필요는 없다고 본다. 다만 인간이 해결하고 파악할 수 있는 범위에서 최선의 노력과 열정을 다하며 살아가는 것이 현명한 길이다. 바다에서 삶을 꾸려나가는 김승봉 시인은 이런 것들에 대해 더 많은 생각을 하며 살아가리라 본다. 그렇기 때문인지 시인은 상당히 긍정의 범위에서 모든 자연과 운명을 수용하고 있는 모습은 다행스럽고 희망적이다.

> 우전리 해수욕장 풍랑경보 내려졌다
> 바닷물이 밀려왔다 빠져나간 모래밭에
> 선명한 발자국 하나 남겨놓고 싶었다
>
> 이분법이 존재하는 패스와 금지 사이
> 썰물과 밀물 사이 찰나 같은 간극 속에
> 밀려온 파도 속으로 지워져 간 발자국
>
> 끝없이 밀려왔다 부서지는 파도 앞에
> 생각과 생각 끝에 흔적 하나 남기는 건
> 깜박인 불빛 하나로 제 임무를 다하는
>
> - 「점멸등」 전문

"점멸등"은 주의 신호에 속한다. 이렇게 하면 안 된다는 '가지마라'의 의미보다는 '서행하라' '일단 정지 후 가라' 등의 주의 경보로 보면 된다. "이분법이 존재하는 패스와 금지 사이"에 "찰나 같은 간극 속에"도 망설임은 존재하는 법이다. 썰물 진 뻘밭에 들어가 "선명한 발자국 하나 남겨놓고 싶"거나 "생각과 생각 끝에 흔적 하나 남기는"것도 '점멸등' 앞에서는 정신을 차리고 주변을 한 번 더 살피고 망설여야 한다. 그렇게 만드는 것이 "깜박인 불빛 하나로 제 임무를 다하는" 점멸등의 임무인 것이다. 일단 깜박인다는 뜻인 '점멸'은 인간에게 불안감과 망설임을 건네준다. 이런 현상은 더 나아가 긴장을 의미하고 부정적 사고를 유발하게 되는 것이다. 그러나 이 작품에서 시인은 '점멸등'의 임무를 긍정의 사고로 접수하며 부정과 불안의 냄새를 지우고 있다. 마치 바닷물이 들어왔다가 시간이 지나면 다시 빠져나가는 것과 같이 아주 짧은 깜박임이지만 '점멸'이 주는 '기다림'과 여유에 대해 "제 임무"라고 다정하게 말해주고 있는 것이다. 그 짧은 깜박임을 기다리고 참아내면 더 안정된 순간이 보장된다는 진리를 알려주고 있다.

> 내한성 네 체취는 꽃샘추위 둘렀었다
> 역경도 디딘 나날 오늘에야 영근 삶들
> 익은 봄 세운 발돋움 산채로 거듭난다
>
> 앙가슴 토닥여서 세세히 누린 힘살
> 온정의 손길들로 염원했던 좌표였다
> 빼꼼히 익은 땅두릅 봄 햇살도 머금었다
>
> 치악산 언덕 비탈 쭈뼛쭈뼛 몽글진 밭
> 독활이란 예명까지 푸른 품만 돋울 새겨
> 인편에 전해온 온기 선혈 빛이 앙큼하다
>
> - 「땅두릅」 전문

두릅은 봄의 전령사처럼 향긋한 향과 맛을 전해주는 봄나물로 더 유명하다. 특히 나무가 아니고 여러해살이풀인 '땅두릅'은 약성이 더 강해서 한약재로도 널리 쓰이는 식물이다. 모든 봄에 나오는 나물들은 겨울을 용감하게 이겨내고 온 힘을 다하여 밀어올린 거룩한 첫 싹이다. 어찌 보면 인간은 아무렇지도 않게 그 귀하디귀한 열정의 싹을 싹둑 뜯어다 먹는 강적이 틀림없다. 식물의 입장에서 보자면 소중한 첫 싹을 잃었으니 다시 힘들게 새로운 싹을 밀어올려야 하는 것이다. "역경을 디딘 나날 오늘에야 영근 삶"이요 "앙가슴 토닥여서 세세히 누린 힘살"이었던 결과물이 사람이 먹는 나물인 것이다. 시인은 무심하게 식물의 노력과 경위를 말하고 있지만 그 고마움은 가슴에 새겨둔 눈치다. "인편에 전해온 온기 선혈 빛이 앙큼하다"라고 칭찬한 종장을 읽으면 땅두릅의 예쁜 모습과 선물로 전해준 사람에 대한 감사의 마음까지 온전하게 담겨 있지 않은가. 인간과 동물은 섭생을 위해 식물을 취하고 먹이사슬은 자연의 본성이라 하더라도 그것에 대한 이해와 감사를 표한다는 것은 섭리를 이해하고 신성이 깃든 마음에서 나온 것이라 생각한다. 거대한 운명은 알 수 없게 다가오지만 인간은 자신의 영역에서 최선을 다해 다양한 일을 도모하며 삶을 영위하듯이 시인은 대견한 두릅에게도 격려의 말을 건네는 모습은 정답다. "온정의 손길들로 염원했던 좌표"라며 땅두릅이 햇살을 받아 쑥쑥 자라는 과정을 이렇게 칭찬하고 있으니 '좌표'대로 좋은 결과가 기다릴 것이다. 역시 긍정의 기운은 결과를 배가시키는 법이다.

거제도 앞바다에 소녀상이 생겨났다
단발머리 어린것이 바다에 떠밀리며
암흑을 응시하는 눈에 핏빛 가득 서려있다

옹이로 남아있는 세월의 멍 자국도
소용돌이 이는 태풍 자신을 지켜내는
시린 손
아픈 소녀야
두 주먹을 쥐고 가자

비워둔 옆자리는 더 넓은 바다 품고
섬에서 갇혔어도 그 뿌리는 깊이 내려
바람꽃 동백이 피어 동박새가 날아든다

- 「지심 소녀에게」 전문

김승봉 시인이 「지심 소녀에게」 보내는 말에는 질책보다는 포용이 절규보다는 희망이 담겨있다. 소용돌이치고 지나간 운명도 "넓은 바다 품고" 가듯 작지만 다부지게 "두 주먹을 쥐고 가자"고 일러준다. "핏빛 가득 서려있"는 눈을 맞추며 "옹이로 남아있는 세월의 멍 자국도" 쓰다듬어 주고 있다. '소녀상'을 앞세워 일본을 비판하고 지난 상처를 드러내어 흥분하게 하지 않으면서도 차분하고 품위 있는 어조로 구성한 작품에 서기가 느껴진다. 지심도에 있어도 "그 뿌리는 깊이 내려" 깊고 깊은 바다 밑바닥에 이르게 하여 마치 동백나무의 뿌리처럼 살아나 꽃으로 피어나라고 용기를 북돋아 주고 있다. 그리하여 동백꽃 향기가 퍼져나가면 육지의 동박새는 물론이고 먼 바다 건너 대마도의 동박새까지도 향기를 찾아 날아와 소녀에게 사과의 인사를 건넬 것이다. 비록 인간이 거부한 사과 대신 대마도 동박새가 들려주는 인사는 얼마나 신선하고 아름다운 노래일지 눈을 감고 그런 장면을 그려보면 평화의 눈물이 흐를 것만 같다. 그래서 '지심 소녀상'은 다른 어느 곳에 있는 것보다도 더 융숭 깊고 자연의 섭리를 이해하는 의젓한 소녀상이 되었다.

6. 에필로그

  김승봉 시인의 새 시집 『라바콘 주의보』는 제목이 암시하는 현장성만큼이나 바다와 자연의 섭리와 인간의 운명이 투사된 생활인의 진한 분위기를 강하게 전하고 있다. "푸르디푸른 꿈이 돋아나는 모천 「썰물 마중」"을 중심으로 하여 "싹틔워 기쁜 날은 너볏한 달이 뜨고/ 힘겹고 지친 날에 샘물처럼 솟구치는/ 따뜻한 마음을 담은 옛 친구의 손 편지 「막걸리」"처럼 긍정과 포용의 마음을 담은 모성으로 치열하다. 아마도 바다가 시인에 전해준 것은 삶의 터전에서 끌어올리는 재화보다도 세상을 바라보는 넓은 시선과 불행조차 달게 받아들이는 마음을 준 것이 훨씬 더 큰 보배라고 생각한다. "폭우도 아랑곳 않고 짓밟혀도 상관없어 「바랭이풀」" 늘 평상심을 지키려고 온 정성을 들인다. 바쁘고 벅찬 일상에서도 "벼랑에 뿌리를 박고 나이테도 지웠습니다 「동백꽃」"라며 고동주 선생을 추모하고 "생각도 단풍들면 신선이 되셨겠지요 「산으로 떠난 시인」" 되묻는 시인의 마음에는 서우승 선생을 높이 기리는 생각도 잊지 않으며 살고 있으니 이 얼마나 지순한 소견인가. 새 시집에 차려놓은 폭넓고 사려 깊은 김승봉의 생각은 바다를 닮아 더 깊어지고 짙푸른 색으로 우렁차게 일렁거리고 있다. 이제 시인의 연치도 절정을 넘어 익어가고 있으니 "아내가 사다 놓은 냉장고 안 미더덕// 상큼한 바다향이 오독오독 살아난다 「오도독 미더덕」"은 구절처럼 여유롭고 항심이 튼실한 시조 밭에 바다 향기가 나날이 짙어지기를 기대하며 글을 맺는다.

라바콘 주의보

2025년 10월 25일 초판 인쇄
2025년 10월 30일 초판 발행

지은이 / 김승봉
발행인 / 강병욱

발행처 / 도서출판 교음사

03147 서울 종로구 삼일대로 457 수운회관 1308호
Tel (02) 737-7081, 739-7879(Fax)
e-mail / gyoeum@daum.net
등록 / 제2007-000052호

* 잘못된 책은 바꾸어 드립니다. 값 10,000 원

ISBN 978-89-7814-106-2 03810

- 이 책 내용의 전부 또는 일부를 재사용하려면 저작권자와 교음사의 동의를 받아야 합니다. 지은이와의 협의 하에 인지는 생략합니다.

후원

 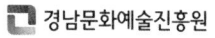

이 도서는 경남문화예술진흥원의 문화예술지원을 보조받아 발간되었습니다.